Mira mi vecindario

por Barbara L. Luciano
ilustrado por Michael Rex

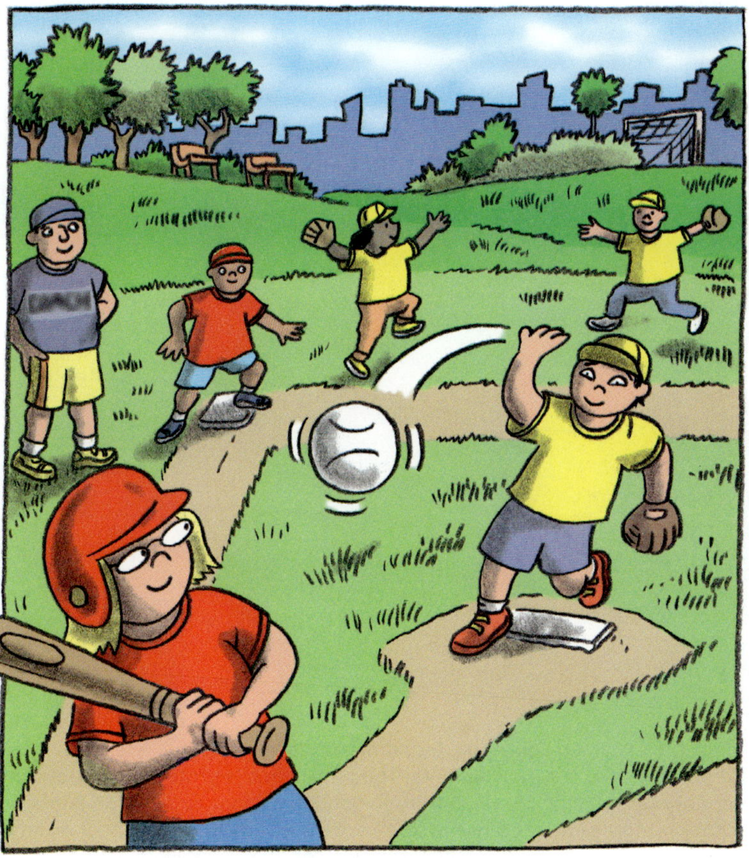

Scott Foresman
is an imprint of

PEARSON

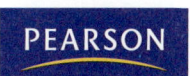

Glenview, Illinois • Boston, Massachusetts • Chandler, Arizona
Upper Saddle River, New Jersey

Illustrations by Michael Rex

ISBN 13: 978-0-328-53305-3
ISBN 10:   0-328-53305-X

Copyright © by Pearson Education, Inc., or its affiliates. All rights reserved. Printed in the United States of America. This publication is protected by copyright, and permission should be obtained from the publisher prior to any prohibited reproduction, storage in a retrieval system, or transmission in any form or by any means, electronic, mechanical, photocopying, recording, or likewise. For information regarding permissions, write to Pearson Curriculum Rights & Permissions, One Lake Street, Upper Saddle River, New Jersey 07458.

Pearson® is a trademark, in the U.S. and/or other countries, of Pearson plc or its affiliates.

Scott Foresman® is a trademark, in the U.S. and/or other countries, of Pearson Education, Inc., or its affiliates.

2 3 4 5 6 7 8 9 10 V0N4 13 12 11 10

Yo soy Ana y vivo en una ciudad grande.

Mira mi vecindario.

Aquí vive mucha gente.

Yo soy Tom y vivo en el campo tranquilo.

Mira mi vecindario.

Aquí viven muchos animales.

Yo soy Iñaqui y vivo en una ciudad pequeña.

Mis amigos también juegan en el parque.

Yo soy Rafa y vivo en un pueblo grande.

Mira mi vecindario.

Monto bicicleta con mis amigos.

Yo soy Luci y vivo al lado de un lago.

Mira mi vecindario.

Nado y paseo en bote con mi maestro de esquí.

Viste muchos vecindarios.

Todos son diferentes.

¿Cuál se parece al tuyo?